AF233688

LA BASTILLE.

> . . . . *d'un pas rapide*
> » Court à ce pont fatal . . . .
> » S'élance . . . . , ...
> » Fait revoir cet exploit, prodige de l'histoire,
> » Qu'on disoit fabuleux, mais qu'il nous force à croire.
> Du Belloy.

1 7 8 9.

8°2 Le Senne 8810 (25)

LA BASTILLE (1).

AVEC quel empreſſement, François,
vous portez vos regards vers cet édifice

---

(1) Nous nous empreſſons de donner cet extrait
au public pour lui faire connoître l'importance
de l'action qui vient de s'opérer à ce ſujet,
détruire les *dit-on* fabuleux qui abondent dans la
bouche du peuple, & lui montrer, autant qu'il.
nous eſt poſſible, la vérité. En conſéquence, nous
ne parlerons que de ce que nous avons vu, ou
de ce qui nous a été rapporté par des témoins
oculaires & dignes de foi. La briéveté du temps
ne nous a pas permis de fouiller encore bien
avant dans l'antiquité ; mais nous laiſſons à des
plumes plus ſavantes & plus dignes de la preſſe
le ſoin de tranſmettre à la poſtérité les faits
dignes d'être connus dans les ſiecles futurs.

A 2.

fi antique (2) que le temps a refpecté,
que jadis n'ont pu abattre des armées en-

---

(2) La Baftille fut bâtie en 1371, il y a 418
ans; ce fut CHARLES V furnommé *le Sage* qui
la fit élever, & Hugues Aubriot, prévôt de
Paris qui en eut la conduite. Le but de Charles
étoit de fe garantir par cette forterefle des in-
curfions fréquentes du duc de Bourgogne. Dans
la fuite elle fervit à fes fuccefleurs de dépôt, &
c'étoit là qu'on gardoit le tréfor royal ; après
la mort trop malheureufe du bon Henri, on y
trouva en réferve 36 millions. En 1588 (fous
Henri II qui avoit fait élever la porte S. Antoine,
fameufe, dit-on, par fon architecture), le duc de
Guife, dans nos dernieres guerres civiles, fe
rendit maître de Paris & de la Baftille ; il y plaça
pour commandant *Buffi le Clerc*, procureur au
parlement. Cet homme audacieux & cruel y fit
conduire avec la derniere infulte les préfidens &
les confeillers de fon corps. Miniftre tyrannique
d'un fujet rebelle, il les y fit enfermer & leur
fit effuyer le traitement le plus dur & le plus
barbare. Depuis cette époque elle a toujours
fervi à renfermer les prifonniers d'état, & a été

tieres & bien difciplinées, & qu'une étin-
celle de ce feu qui anime le courage des
François vient de détruire dans l'efpace
de deux heures! Avec quel étonnement
ne fixez-vous pas vos regards furpris au
haut de ces tours horribles que chaque
minute voit diminuer & anéantir! vous
voyez tomber ces pierres énormes, vous
examinez la largeur des foffés, la fûreté
des ponts-levis, la difpofition des tours,
la formidable artillerie dont elles font four-
nies, & vous ne pouvez encore com-
prendre comment deux mille citoyens,
peu faits au métier des armes, n'ayant
pour la plupart jamais vu le feu de la
guerre, ont pû tromper la vigilance d'un

toujours gouvernée par des tyrans. Il y a un magafin à poudre très-fûr, un magafin d'armes
très-curieux, où l'on a trouvé encore des armes
très-anciennes, & qui, par leur fingularité, fem-
blent avoir fervi à nos preux chevaliers, en
1226.

A 3

chef aguerri, soutenu de soldats qui s'é-
toient trouvés à plusieurs siéges, avoient
été vainqueurs dans plus d'un combat,
& connoissoient toutes les ruses de la
guerre.

Eh bien! citoyens, voilà de ces faits
incroyables que nos neveux ne pourront
pas croire. O! moment à jamais mémo-
rable! le voilà donc bientôt détruit ce
monument du despotisme, ce fort où vos
tyrans, abusant d'un pouvoir arbitraire, en-
fermoient vos parens, vos amis & vos
freres.

Pénétrez dans le fond de ces cachots affreux, voyez des citoyens vertueux qui y
languissent dans les fers depuis plus de
vingt ans (3), qui n'ont fait d'autres crimes

---

(3) Nous n'avons pas vu, mais plusieurs personnes nous ont assuré avoir vu un vieillard
sorti de ce séjour d'horreur, qui portoit une
énorme barbe grise de la longueur de plus d'un
pied : si l'on en croit les rapports il gémissoit

que de trop aimer la vertu, & d'avoir voulu la montrer dans tout son jour. Entrez dans ces souterrains horribles, vous y trouverez encore des restes gémissans de vos parens dont vous ignoriez le destin ; vous y verrez des squelettes vivans qui doutent encore s'ils existent ou non, abrutis par les tortures sous lesquelles ils ont gémi depuis si long-temps, interrogez-

dans les cachots depuis trente ans ; ses esprits étoient troublés au point que, souvent il battoit la campagne, & disoit s'appeller tantôt d'un nom, tantôt d'un autre. Le grand objet qui l'occupoit le plus étoit de savoir si le courier qui devoit lui apporter de l'argent étoit arrivé. Il y a apparence, & l'on peut conjecturer, d'après ses discours entrecoupés, qu'on lui envoyoit de l'argent qu'il ne recevoit pas : & à cela rien d'étonnant. Pour mieux connoître les pratiques infâmes de ces odieux bourreaux, il suffit de lire les mémoires de M. *** connus sous le nom de *l'Inquisition Françoise*.

lés, vous n'entendrez qu'avec horreur le
récit affreux des tourmens (4) que leur

______

(4) M. de Carmagnac a resté pendant plusieurs
jours accroupi dans une posture si gênante que
l'on peut dire qu'il n'étoit ni debout, ni assis, ni
couché, soutenu par des chaînes pesantes dans
cette situation affreuse, ne voyant pas le jour,
obligé de faire ses ordures sous lui; tous les
jours on lui faisoit éprouver de nouveaux sup-
plices : tantôt on lui arrachoit une dent, tantôt
un ongle des pieds, &c. &c. Quand on nous
certifie ces faits, si nous avons gémi au récit
des malheurs du baron de *Trenck* & de M.
Brisson, que de larmes ne devons-nous pas
verser en pensant que notre capitale possédoit
dans son sein des hommes plus cruels que les
Arabes, les Turcs & les Antrhopophages. Cette
derniere classe, au moins quelquefois, a connu
les sentimens d'humanité. Nous taxons quelquefois d'erreurs mensongeres l'histoire de nos
martyrologes, aujourd'hui nous ne devons
douter de rien, puisque les effets d'une barbarie
aussi atroce se sont passés sous nos yeux. O Trenck!
ô Brisson, si la presse fait passer jusqu'à vous ces

ont fait souffrir les ministres odieux qui surprenoient la religion d'un roi bon, juste & pacifique, & dont les qualités du cœur ne pouvoient soupçonner que le crime pût trouver place dans l'ame de ceux qui devoient exécuter ses ordres (5).

Citoyens, vous venez de vous signaler par un coup d'éclat, jouissez de votre

---

faits, combien ne vous trouvez-vous pas heureux ! & combien ne devez-vous pas détester tous les hommes !

(5) Une personne respectable par sa place, son âge, & la confiance des personnes du haut parage, vient de m'assurer qu'il avoit lu une lettre trouvée dans les papiers de Delonay & datée depuis peu, portant mission audit gouverneur de se défaire bientôt de la personne qu'il lui remettoit entre les mains. Après des faits aussi authentiques, François, oserez-vous encore vous récrier contre le tribunal inquisitoire d'Espagne ? & oserez-vous vous vanter d'être membres d'un peuple doux, vertueux, sensible & heureux ?

victoire, (6) voyez votre roi, votre maître, à qui cette action hardie vient d'ou-

(6) Le siege de la Bastille est très-surprenant & presque incroyable; une foule de peuple sans chef, sans ordre, (c'étoit seulement une troupe d'ouvriers armés de pioches, de bâtons, de lances & de vieilles ferrailles,) se transporta le 14, à trois heures après-midi, à la Bastille; Delonay fit baisser le pont-levis du côté de la voûte des invalides, & en laissa entrer au nombre de deux cents; ensuite il fit relever le pont, fit une décharge sur ceux qui étoient dedans; le peuple prit la fuite du côté de son appartement; tout le faubourg Saint-Antoine accourut à la premiere décharge, plusieurs Gardes-Françoises vinrent au secours, un canon posté sur le bord des fossés du faubourg, mit à bas du premier coup la chaîne du pont-levis, d'un côté seulement; il a fallu quatre coups pour mettre à bas l'autre : pendant ce temps on pilloit la maison du gouverneur, & on y mit le feu; le pont-levis à bas, le peuple cria victoire, & entrant en foule, malgré les coups de fusil, se transf-

vrir les yeux, venir au milieu de vous, les yeux trempés de larmes, se rendre citoyen & mériter, par les bienfaits qu'il va répandre sur vous, les titres si doux de consolateur du peuple, pere des François, ami de ses sujets! ... Mes compatriotes, achevez votre ouvrage, ne ralentissez pas votre marche, fouillez jus-

---

porta sur les tours & y arbora le pavillon blanc. — Le curé de Saint-Paul, homme respectable, pensa se trouver dans le danger le plus éminent. Delonay l'avoit prié de porter au foubourg Saint-Antoine des paroles de paix; mais on a su depuis que ce n'étoit que pour amuser & prendre du temps : au moment qu'il se mit en marche, il entendit les décharges, & se retira. Qu'on juge quel auroit été le sort de ce digne pasteur, si, au moment qu'il auroit parlé, on eût vu que c'étoit pour amuser le peuple, & laisser égorger les citoyens! Voilà les traîtres, leur cœur perfide n'est jamais assouvi par leurs infames complots, leur barbarie s'étend jusqu'à vouloir entraîner dans leur perte les cœurs vertueux & sensibles.

ques dans les fondemens de ce château
terrible ; (7) comblez-en les souterrains,
ils ne font pratiqués que pour les traîtres,
ils ne fervent de retraites qu'aux lâches
& aux foibles.

C'eft à découvert & en pleine campagne que nous devons nous montrer à

---

(7) On rapporte que les maçons, en démo-
liffant, ont trouvé des papiers ou des effets en-
fouis entre les pierres des tours ; on doit efpérer
qu'on trouvera dans les cachots des effets pré-
cieux que les prifonniers auront tâché de fouf-
traire à l'avidité de leurs bourreaux, ou des
papiers inftructifs des tourmens qu'ils y ont en-
durés, & dés motifs qui les retenoient prifonniers.

On dit auffi qu'il a été trouvé dans l'appartement du gouverneur une montre d'or & un
fac d'argent au nom de Caglioftro ; mais on ne
parle pas des bijoux qui auroient dû s'y trouver
auffi. Son époufe, fuivant le bruit public, avoit
pris la fuite le matin, & fûrement n'étoit pas
partie les mains vides : on y a auffi découvert beaucoup de papiers d'importance.

l'ennemi. Vous faites voir aujourd'hui à votre roi l'étendue de ſes forces ; vous lui prouvez que tous ſes ſujets ſont ſoldats : jamais ſon armée ne fut ſi nombreuſe , ſi courageuſe , ſi ſûre de la victoire ; il peut défier tous ſes ennemis , qu'ils paroiſſent ; un inſtant ſuffit pour les vaincre ! A quoi ſerviroient ces forts , ces tours , ces ſou-terrains , ces murs imprenables ; nous n'en n'avons beſoin , ni pour lui , ni pour nous ; ce ſont nos corps qui doivent lui ſervir de remparts. Détruiſons juſqu'à la derniere pierre de ces horribles cachots ; rempliſſons ces foſſés redoutables. Qu'une plaine ſuperbe s'établiſſe ſur ſes débris, & qu'aulieu de ces tours horribles une ſimple pyramide s'éleve & atteſte à tous les ſiecles futurs que c'eſt d'aujourd'hui ſeulement que nous ſommes véritablement *francs.*

Déjà je vois dans l'avenir nos neveux étonnés jetter des regards avides ſur l'inſ-

cription qui la décore ; je vois leurs yeux
humides de pleurs en y lifant les noms cé-
lébres qui font enfevelis fousfa bafe; je fens
leurs cœurs treffaillir de rage de n'avoir pas
contribué à étouffer le monftre qui ne
dédaignoit pas de faire le métier horrible
de bourreau ; je vois leur vifage fe couvrir
d'une douce férénité , en y lifant le nom
de Louis XVI , & celui de ce miniftre fi
cher au cœur des François , fi digne d'être
aimé des citoyens , & de voir citer fon
nom dans les fiecles à venir, à côté de celui de notre roi : ah ! bientôt nous pour-
rons dire: graces à Dieu & à notre courage,
nous voyons enfin renaître le fiecle bien-
faifant d'Henri IV & de Sully.

———

A Paris , quai des Auguftins , n°. 41.

www.ingramcontent.com/pod-product-compliance
Lightning Source LLC
LaVergne TN
LVHW021733030726
842523LV00004B/1391